AF315861

6 BATAILLON · CHASSEURS · ALPINS
6
20 Octobre 1896 · 12 Juillet 1918

Guy Depaux-Dumesnil

Mourir ne m'effraye pas, et j'offrirais mon existence
avec très grande joie, pour la Patrie à laquelle
je crois et qui est pour moi quelque chose de vivant
et d'immortel.
Guy Depaux Dumesnil

Emmanuel DÉBORDE DE MONTCORIN

Guy Depaux-Dumesnil

2 Octobre 1896 — 12 Juillet 1918

PARIS

ATELIERS ANDRÉ MARTY

DANIEL JACOMET ET Cⁱᵉ

1920

GUY DEPAUX-DUMESNIL

(2 Octobre 1896—12 Juillet 1918)

Guy-Gabriel-Léon-Serge Depaux-Dumesnil est né à Paris le 2 octobre 1896. Il est tombé glorieusement au champ d'honneur, au bois du Gros-Hêtre près de Moreuil, dans la Somme, le 12 juillet 1918. L'intervalle qui sépare son berceau de sa tombe est donc à peine de 22 ans, et ces 22 années ont suffi pour qu'il prît place — et quelle place ! — dans cette génération de héros sublimes qui, enfants hier, ont élevé si haut la vertu française que nous saluons aujourd'hui leur mémoire à l'égal de celle des plus grands aïeux de notre histoire. Ne leur devons-nous pas ce qu'il y a de plus précieux pour la vie d'un peuple ici-bas : la suite lumineuse des traditions de devoir, d'honneur, de gloire, d'amour et de foi qui ont fait la grandeur de notre race depuis les temps les plus reculés et dont la renommée et le prestige, en dépit de toutes les attaques, sont toujours sortis triomphants de l'épreuve?

Guy Depaux-Dumesnil fut un des élus de cette « doulce France » si souvent marquée au cours des siècles du sceau divin et, dès sa plus tendre enfance, il apparaît comme un prédestiné.

Le 16 octobre 1904 — il vient d'avoir 8 ans — dans

1

une lettre adressée à son « cher petit papa », toute sa pensée est absorbée par la guerre russo-japonaise. — (Notons ici, en passant, que le jour de sa naissance coïncida avec celui de l'arrivée des marins russes à Paris, d'où le nom de Serge ajouté à ses prénoms.) — Or donc, l'enfant s'amuse alors à reconstituer toutes les phases de la campagne en faisant manœuvrer ses soldats de plomb. Il écrit dans ce qu'il appelle gravement « son petit journal » : « une grande bataille a eu lieu près de Liao-Lang ; des deux côtés il y a eu 30.000 morts ; l'aile droite de Kouropatkine a été enfoncée... » Plus loin, il fait allusion au siège de Port-Arthur et « aux dernières nouvelles » il parle d'une commande de 50 sous-marins par les Russes et du départ de la flotte de la Baltique. Et le petit stratège, prévoyant une guerre « très meurtrière » termine sa lettre en demandant à son papa de lui envoyer « des renforts » ; « car il faut s'attendre, — conclut-il, — à des batailles formidables. »

Trois ans plus tard, en 1907, — il a onze ans et est alors élève du collège Stanislas — chargé de faire le discours d'usage pour souhaiter la fête du directeur, M. l'abbé Pautonnier, il réclame l'aide de sa sœur aînée ; ce qui ne l'empêche pas, d'ailleurs, de lui indiquer de la façon la plus ferme et la plus précise ce qu'il faut que l'allocution contienne. « Dis-lui — recommande-t-il — que nous venons le remercier de sa sollicitude paternelle... que nous tâcherons de si bien travailler qu'il ne puisse pas nous adresser de réprimandes... » Et, dans un post-scriptum où l'enfant a résumé, sans le savoir, toute sa destinée en quatre lignes qu'on ne saurait lire aujourd'hui sans l'émotion la plus profonde et la plus poignante, il ajoute : « Tu peux mettre aussi que nous espérons devenir des hommes qui auront de l'importance et ne passeront pas inaperçus et que nous serons dignes de ce Collège qui a élevé tant de héros ! »

Malgré le vieux proverbe, ce jour-là, le jeune Guy fut prophète dans son collège — et dans son pays. La devise de Stanislas n'est-elle pas, d'ailleurs : « Français sans peur, chrétien sans reproche ? »

L'élève avait donné la mesure de sa vive intelligence dès les débuts de ses études. Entré à Stanislas à Pâques 1905, s'il ne lui fut pas possible, à cause de son arrivée tardive, de remporter d'autres lauriers qu'une mention pour sa bonne conduite et son travail, il affirme ses succès scolaires dès l'année suivante. En 1906, en 7ᵉ, il obtint 7 prix et 9 accessits et il se maintient à ce niveau pendant toutes ses classes, atteignant le joli total de 45 prix et 34 accessits. Après les vacances de 1912 il quitte Stanislas et fait sa philosophie à Sainte-Barbe. Son année d'études terminée, il est bachelier. Nous sommes en 1913. Il a 17 ans. Vers quelle voie va-t-il se diriger ?

Une correspondance des plus suivies et des plus intéressantes avec son ancien professeur de première, M. de la Boissière, nous met au courant de ses projets. Au cours d'un voyage en Allemagne, le 13 août 1913, il écrit de Fribourg-en-Brisgau à son ancien maître : « Voici probablement ce que je compte faire : l'année prochaine, ma licence ès-lettres et la première année de droit ; pour les deux années suivantes les deux derniers examens de droit et les deux ans d'études des sciences politiques... Ces trois ans d'études me mèneront à 20 ans, âge du service militaire et, quand j'en sortirai à 23 ans, j'aviserai à ce que je veux faire définitivement, littérature, politique, ambassade ? » Il est encore, en effet — il n'a que 17 ans — dans cette phase de tâtonnements intellectuels, pareil au jeune oiseau qui n'ose pas encore ouvrir ses ailes, ne sachant pas de quel côté orienter son vol. Ses tendances, sinon ses idées, sont cependant déjà très marquées lorsque, faisant allusion à son séjour à Fribourg, où il se trouve avec des Français de son âge, il déclare : « Nous causons beaucoup sans beaucoup parler allemand. » Le sujet de la conversation, c'est la France, cette France pour le salut de laquelle il devait, quelques années plus tard, donner sa vie. Et c'est pourquoi il faut retenir ce passage si suggestif de sa lettre : « J'ai parlé de l'*Action Française* et j'ai constaté avec plaisir que tous, sans être royalistes déclarés, étaient plutôt favorables aux Camelots et que tous, en plus, étaient patriotes. » « Décidément, conclut-il, les idées républicaines ou socialistes n'ont plus de prise sur la jeunesse qui se tourne de plus en plus vers le Roi. » Cette affirmation, particulièrement curieuse et surprenante chez de jeunes esprits que d'autres influences pressaient de toutes parts, Guy la corrobore et l'atténue à la fois en ajoutant : « Vous me demandez ce que je lis en ce moment, d'abord j'ai étudié à fond « L'Enquête de la Monarchie » dont je n'ai pas à vous faire l'éloge, puis j'ai lu Paul-Louis Courier, puis divers romans et j'ai relu cette œuvre prodigieuse qu'est «Le Disciple» de Bourget. » Et plus loin : « Je dévore Renan qui me plonge au septième ciel et je feuillette Voltaire. »

Tel est l'état d'âme un peu chaotique, il faut le reconnaître, de Guy lorsque à la fin des vacances de 1913 il entreprend les études de licence, et un an plus tard, lorsque la guerre éclate.

Au début des hostilités il est dans le Limousin, à Saint-Yrieix, chez son oncle, M⁰ Michel Gondinet, membre du Conseil de l'Ordre des Avocats à Paris. C'est de là qu'il écrit, le 6 août, à M. de la Boissière : » Ce coup-ci, ça y est, la guerre. J'avoue que je n'y croyais pas et quand l'*Action Française* la prédisait prochaine, je pensais que c'était de l'exagération. Et cependant elle avait raison. Il est certain que la guerre est quelque chose d'horrible, mais pourtant — retenons cet aveu d'un jeune homme de dix-huit ans — « je crois qu'après toute la pourriture de ces dernières années ayant leur aboutissement logique dans le procès Caillaux, elle sera salutaire à la France. » Retenons ce cri plein d'énergie sombre et lumineuse à la fois : « Vaincue ! Autant mourir sur un champ de bataille que de crever dans du fumier. Victorieuse ! C'est le salut, le relèvement, la restauration aussi bien royale que nationale, et la victoire est presque certaine ! » Presque certaine ! Pour la rendre tout à fait certaine, il fallait que la Jeunesse française donnât son sang à la Patrie ; elle le lui donna sans compter.

Mais, à Saint-Yrieix, il a beau lire « le Démon de midi » de Bourget qu'il trouve « merveilleux et maurassien au possible », il a beau lire Balzac, dont il dit : « C'est bien long », on sent que tout son être est sur le front où se trouve son frère Robert, parti dès le premier jour de la mobilisation comme maréchal-des-logis de dragons. Dans sa confiance inébranlable déjà dans l'issue de la lutte, il voit l'Allemagne « envahie par les Russes, tandis que nous « résistons pied à pied au choc de toutes ses armées »; il la considère comme ne pouvant être qu'anéantie ». Il fronde le gouvernement et lui décoche ce trait mordant et spirituel : « Il est assez amusant — dit-il — de voir dans un ministère national l'auteur du fameux : faites la paix ou faites un roi ! » Enfin, le 29 août, il annonce avec la plus grande joie à son ancien professeur que, ses parents l'y autorisant, il va s'engager d'ici quelques jours. « Je l'aurais déjà fait auparavant, comme presque tous mes camarades, ajoute-t-il, si je n'avais voulu partir avec un cousin qui est de la classe de 20 ans et cette classe n'a pas le droit de devancer l'appel. Je pense pouvoir faire un pas trop mauvais soldat et qu'on nous enverra au feu le plus tôt possible. »

Le 11 septembre, il signe son engagement à Paris et, dans l'impossibilité d'accompagner son cousin à Orléans, il va bravement, tout seul, rejoindre à Bordeaux, le lende-demain, le 144ᵐᵉ de ligne. Le voilà soldat ! Après un stage de deux mois au Camp de Souges, son instruction militaire terminée, il demande à partir sur le front. Il y est envoyé le 18 novembre. Il ne sait où il va ; mais que lui importe ! « Je suis enchanté, écrit-il, de pouvoir participer à la Victoire ; c'était du reste mon devoir de Français et de royaliste ». Il a eu 18 ans, il y a un mois.

*\
* *

Se faire soldat pour défendre le sol sacré de la patrie envahie, quelle joie pour une âme d'élite comme celle de Guy Depaux-Dumesnil, surtout lorsque, dans l'ardeur d'une imagination de 18 ans, on entrevoit la bataille avec toutes ses horreurs sans doute, mais aussi avec ses élans enthousiastes de gloire, ses charges à la baïonnette, ses chevauchées magnifiques dont l'histoire de France transmet les échos retentissants à l'admiration des générations futures ! Mais en 1914 la guerre n'offrait plus, hélas ! aux descendants des combattants de la guerre en dentelles, des grenadiers d'Austerlitz et des zouaves de Magenta, des cavaliers de Lassalle, de Murat et même des héros plus proches de nous de Reischoffen et du plateau d'Illiers cette poésie, si vibrante dans sa beauté tragique, de la « furia francese ». C'était la guerre la plus prosaïque et déconcertante qui soit au monde, la plus contraire au tempérament français, la guerre de tranchée, la guerre à l'ombre, loin de tout soleil généreux et réconfortant. Et c'est ce qui explique la profonde déception du jeune engagé à son arrivée au front. « Je ne vous cacherai pas — écrit-Il à ses parents et à son professeur — que j'ai éprouvé tout d'abord une assez forte désillusion. En partant je rêvais une campagne brillante avec des batailles bien nettes, des périls, bien entendu, mais aussi de la gloire, enfin tout ce que le mot « guerre » représentait avant le mois d'août 1914. Or, depuis 8 mois, je suis dans la tranchée à 50 mètres des boches et j'ai tout été sauf soldat : terrassier, maçon, charpentier, débardeur, boueux, boueux surtout et je n'ai pas une seule fois fait acte de combattant... tantôt je me dis, c'est un bien ; tantôt, c'est un mal : un bien dans ce sens que nos pertes sont relativement faibles ; un mal, parce que l'avancement chez nous est inexistant par cela même. Parti élève caporal, je végète misérable poilu ». Cette vision l'obsède, car « de toute cette guerre, insiste-t-il, le souvenir le plus gravé dans ma mémoire est la boue, la boue et la pluie. Tout s'estompe pour moi devant le rideau de toutes ces innombrables averses en hiver pendant d'innombrables heures à guetter les boches qui ne remuent pas. Et la boue partout, gluante, tenace, qui vous enlise jusqu'aux chevilles, que le soleil des beaux jours a à peine dissipée et qui, au moindre orage, s'étale encore victorieuse... » Et cette vie de dépression morale et physique de tous les instants dura des années !

Mais la déception ne peut qu'effleurer un soldat de cette trempe. Loin de le décourager, elle provoque chez lui des réveils inattendus, subtituant au courage spontané, mais parfois superficiel des actions d'éclat, le courage raisonné et tenace qui soutient et qui ne flanche pas. Et c'est ainsi que, résigné dans l'attente et toujours plein de foi, il poursuit : « Enfin, puisque c'est la guerre moderne, il faut s'y soumettre et tâcher de relever l'infime de ses fonctions par le mobile pourquoi on la fait. D'ailleurs, j'espère bien qu'un jour viendra où les deux armées adverses, sorties l'une et l'autre de leurs terriers, pourront se mesurer au grand air et, ce jour-là, ce sera la victoire tant attendue et écrasante ! »

Ce jour-là, ce fut, en effet, la victoire, mais à quel prix achetée !

Après 18 mois de cette vie de tranchée dans un secteur du Nord, le 144me de ligne est envoyé, aux premiers mois de 1916, au fort de Vaux, près de Verdun, pendant la terrible bataille qui s'y livrait alors et qui demeure l'une des phases les plus tragiques et les plus glorieuses de la guerre. Mais ce n'était pas à Verdun que la Providence réservait au jeune Guy la palme suprême. Après 6 jours passés dans « cet enfer, enfer étant plutôt un euphémisme », écrit-il, il quitte, le 14 mai, le 144me, envoyé à Saint-Cyr en qualité d'élève-aspirant.

Sa santé, ébranlée par les longues fatigues qu'il avait supportées dans la tranchée, l'obligea à prolonger plus qu'il ne l'eût désiré son séjour à l'École Saint-Cyr. Il y tomba malade et ne put suivre les cours de sa promotion. Admis à l'instruction d'une autre promotion, il ne sortit de l'École que le 9 février 1917 avec le brevet d'aspirant. Il semblait tout naturel qu'il retournât avec ce grade dans son ancien régiment ; mais l'heure où le héros commence a sonné. Écoutons et retenons ce qu'il écrit alors : « le 144me était un régiment qui n'avait jamais attaqué pendant le temps que j'y passai ; je me refusai à y retourner. Je demandai les chasseurs qui sont, par excellence, des troupes de choc. J'obtins d'être versé au 52me bataillon d'Alpins ». Quelle simplicité touchante dans la façon de comprendre et d'accomplir son devoir !

Le dépôt du 52me bataillon était à Embrun dans les Hautes-Alpes. Il y reste quelques jours et, après un court stage au dépôt divisionnaire, il rejoint son corps qui est à

Epinal et dont le chef de groupe est le lieutenant-colonel Bel. Il est affecté à la 9me compagnie où il commande la 3me section sous les ordres du capitaine Surleau-Goguel, officier de réserve, Conseiller référendaire à la Cour des Comptes qui, dans une lettre à un collègue de la Cour, témoigne de la bonne impression produite par le nouveau venu. Mais bientôt le bataillon se dirige vers Nancy, puis vers Bar-le-Duc, toute la division étant désignée pour faire l'instruction de troupes américaines.

Le contact avec nos nouveaux alliés réveille, dans le régiment, le sentiment bien français de coquetterie, et Guy réclame à son père une grande tenue, — « une tenue chic », comme il dit, — pour prendre part aux réunions, concerts ou autres, organisés par les officiers des deux pays. Mais cet entr'acte dans le drame qui se joue n'engourdit par l'ardeur du jeune aspirant qui n'aspire qu'à regagner le front « pour devenir officier et mériter une citation ».

Le 6 septembre, il annonce le départ du bataillon pour une destination inconnue. « Notre voyage continue, écrit-il le 11 ; sommes passés dans un petit village où naquit une jeune vierge célèbre dans l'histoire de France et à la statue de laquelle nous rendîmes les honneurs ». Enfin, on arrive à un secteur que l'on quitte bientôt pour un autre ; deux lettres de novembre sont datées de Vesoul et de Lure ; puis il est question d'un stage d'instruction au 24me régiment d'artillerie en décembre 1917. C'est alors que, par un mot du 21, Guy apprend à son père qu'à la suite d'un bombardement intense avec obus à gaz asphyxiants effectué par les Allemands sur la batterie à laquelle il était attaché, il a été intoxiqué et évacué dans une ambulance à Bussang. « Ne t'inquiète pas, dit-il en terminant, je serai rétabli très prochainement. » Ce fut là que la citation si ardemment souhaitée lui parvint. Le lieutenant-colonel Joly, commandant le 240me d'Artillerie le cite à l'ordre du régiment du 23 décembre en ces termes : « *Venu pour faire un stage d'instruction dans une batterie du groupement, a subi, le jour de son arrivée, un bombardement par obus toxiques qui a mis hors de combat les trois quarts du personnel de cette batterie. Atteint lui-même par les gaz, n'a consenti à être évacué que sur l'ordre du médecin.* » Mais le mal dont souffre le courageux blessé est plus grave qu'il a voulu le dire et son séjour à l'hôpital se prolonge; c'est pourtant l'heure souriante de cette existence de souffrance et de sacrifices continuels. Il est soigné par Mlle Thérèse Monier-Vinard et par la mère de la jeune infirmière. La jeune fille est instruite et distinguée; on cause littérature, théâtre, religion, et peu à peu une sorte d'intimité s'établit entre les jeunes gens, intimité qui se révèle toute charmante et respectueuse dans la correspondance échangée plus tard entre la jeune marraine et son filleul, quand ce dernier a quitté Bussang pour Paris, où il est interné quelque temps au Val-de-Grâce. Et puis c'est le congé de convalescence; c'est ensuite le retour au dépôt du bataillon à Nice où, le 17 février 1918, le jeune aspirant reçoit l'avis de sa nomination au grade de sous-lieutenant. « Ça fait toujours plaisir », écrit-il à son ancien professeur en lui annonçant la bonne nouvelle. Mais la joie du premier galon, si naturelle chez un officier de 20 ans, fait bien vite place à un sentiment plus élevé; car le nouveau gradé déclare aussitôt : « J'ai demandé à repartir pour le front »; et le sous-lieutenant quitte la Côte-d'Azur pour rejoindre, en pleine neige, le secteur de l'Est d'où, quelques mois auparavant, il a dû être évacué après son intoxication. Comme la région est assez calme, il avoue qu'il a recommencé à se monter une petite bibliothèque portative. « Cette fois-ci — ajoute-t-il — j'ai abandonné les romans et je me suis jeté sur les livres très sérieux. » Ainsi se passent mars, avril et la première moitié de mai 1918. Le 28 mai, il écrit à son père : « L'offensive boche est déclenchée, paraît-il; je dis : paraît-il; parce que nous n'avons pas eu les journaux, entre Reims et Pinon... » L'offensive était déclenchée, en effet. Le 5 juin, le 6me bataillon des Chasseurs Alpins — car Guy avait quitté le 52me et avait été affecté au 6me — est devant Hailles, aux environs de Moreuil, dans la Somme « L'offensive a l'air enrayée », déclare-t-il le 7; le 11 : « Les Boches viennent d'attaquer sur un nouveau front pas bien loin de nous; nous avons ressenti quelques éclaboussures... » Mais le calme revient.

Les lettres cependant sont plus laconiques. Guy se préoccupe de ses inscriptions de droit ; il fait allusion à sa prochaine permission qu'il n'espère pas pouvoir obtenir avant septembre ou même octobre. Les mêmes indications se répètent : « Rien de nouveau ; toujours dans le même coin ». Le 1er juillet pourtant, il parle d'une rivière — l'Avre sans doute — où il prend des bains avec délices. Le 2, dans son avant-dernière lettre adressée à son père, il parle de son frère, devenu sous-officier aviateur ; il demande qu'on lui envoie les livres de droit qu'il a réclamés ; il craint d'être « recalé » à son examen, bien qu'il compte travailler quand même, s'il y a moyen... « Le 11 — la veille de sa mort — deux mots seulement : « Rien de nouveau. De plus en plus en ligne. Mille tendres baisers, mon cher papa, de ton fils respectueux, Guy. »

Quand il envoya ce court message, — le dernier ! — le jeune officier savait-il que l'attaque dont il parlait depuis plusieurs jours et qu'il attendait était fixée au lendemain ? C'est probable. Car un journal du front, *L'Esprit du Cor*, composé, sinon paru, avant le 12, indiquait pour cette date « un bond de grande envergure en direction de Moreuil. Nos objectifs, poursuit le journal, sont : le Ravin et le village de Castel d'une part, le bois du Gros Hêtre et son prolongement au Sud, le bois des Brouettes, d'autre part. L'attaque englobera également la région de la ferme Anchin jusqu'au ravin profondément découpé ayant sa tête vers le bois de Bellois et aboutissant à l'Avre à hauteur de Morizel ». Et le rédacteur de l'article, après avoir fait savoir que le placement des troupes a commencé dans la nuit du 9 au 10, ajoute : « le 11 au matin, un objectif éventuel comprenant le bois Billot, si possible le village de Morizel situé à 4 kilomètres de nos lignes, est assigné à la Division. »

Laissons au capitaine Contamin, de l'État-major de la Division, l'honneur de raconter dans quelles circonstances glorieuses le jeune héros succomba. Voici en quels termes, le 17 juillet, il apprend l'horrible nouvelle au colonel Castella : « Mon colonel, je vous adresse ces quelques lignes pour vous parler du malheur que vous connaissez sûrement déjà, la mort au champ d'honneur du jeune et vaillant sous-lieutenant Depaux-Dumesnil. A l'attaque du 12 juillet, il était parti en tête de sa section avec premier objectif le bois du Gros-Hêtre, bois au Nord-Ouest de Moreuil. Son bataillon, le 6ᵐᵉ, a eu la malchance de tomber sur quelques mitrailleuses non détruites. Devant la section du jeune Depaux-Dumesnil il s'en est révélé une à une vingtaine de mètres de lui. N'écoutant que son courage, il a bondi en avant ; mais à peine avait-il fait quelques pas qu'il était atteint d'une balle en pleine poitrine. Il chancela, puis tomba sans proférer une parole. Un adjudant, qui le secondait à sa section, voyant son lieutenant tomber, s'approcha de lui et, au moment où il se penchait sur son officier, une balle le tuait net (crâne traversé). La mitrailleuse allemande fit encore deux ou trois victimes, puis fut capturée par les chasseurs de la section Depaux-Dumesnil. Les servants boches furent tués, sauf un qui n'avait pas tiré (récit des survivants de la section du regretté sous-lieutenant) ».

« Voilà, mon colonel, sommairement narrées, les circonstances de la mort du jeune héros. Il a succombé un jour de victoire ; car le 6ᵐᵉ avait, moins d'une heure après sa mort, enlevé tous ses objectifs et capturé 300 prisonniers. »

« Le jeune homme dort son dernier sommeil au cimetière militaire de Cottenchy (tombe n° 29). Ses armes et effets seront adressés à sa famille par le 6ᵐᵉ. Je pense aller saluer sa tombe demain ou après-demain ; je ne manquerai pas d'y apporter votre pensée. »

Guy Depaux-Dumesuil avait accompli le sacrifice suprême. Il avait aussi reçu la récompense suprême que le Dieu des Armées réserve aux braves : il était mort victorieux !

* * *

La Victoire, elle était attestée le jour même par le communiqué officiel de 23 heures qui, dès le lendemain, circulait dans tous les journaux, ainsi conçu : « Nos troupes ont mené, ce matin, une brillante attaque. Sur un front de 5 kilomètres entre Castel et le nord de Maillez-Raineval tous nos objectifs ont été atteints, nous avons enlevé le village de Castel, la ferme Anchin et un certain nombre de boqueteaux (dont le bois du Gros-Hêtre) fortement organisés. Notre programme a atteint par endroit deux kilomètres de profondeur ; nous avons fait plus de 500 prisonniers. »

Elle est attestée encore par ce passage du rapport dont fut l'objet le 6me bataillon de chasseurs alpins lorsque, plus tard, la fourragère rouge — couleur du sang de la Légion d'Honneur — lui fut attribuée : « Le 12 juillet 1918 fut une journée terrible pour le 6me bataillon, mais aussi une des plus glorieuses de son histoire. Dès que le 6me sort de la tranchée, il est accueilli par une grêle de balles de mitrailleuses qui, du premier coup, fauche presque tous les officiers et sous-officiers... Mais les chasseurs ne se démoralisent pas ; ils connaissent leur devoir. Réunis en petits groupes, ils contrebattent, tournent les mitrailleuses et finissent par s'en emparer. »

Elle est attestée par la lettre que le colonel Castella écrivit, le 22 juillet, au père du jeune officier pour lui annoncer la mort du héros : « Cette nouvelle m'a touché comme s'il était de ma famille. Son bel enthousiasme, sa foi ardente m'avait tout de suite conquis, dès le premier jour, et ces qualités l'avaient également fait apprécier dans les bataillons où il a servi. Soldat, il est mort en soldat, son regard fixé sur l'ennemi et à la tête de sa section qu'il entraînait de son bel exemple. »

Elle est attestée surtout par la citation suivante à l'ordre général de la 1re Armée en date du 9 août 1918 :

« *Le Général Commandant de la 1re Armée cite à l'ordre de l'Armée :*

« *Monsieur Depaux-Dumesnil, Guy-Gabriel-Léon-Serge, Sous-Lieutenant à la 3me Compagnie du 6me Bataillon de Chasseurs Alpins.* »

« *Excellent officier, d'une bravoure remarquable. Le 12 juillet 1918, se portant à la tête de son peloton, a entraîné par son élan irrésistible sa troupe arrêtée dans sa progression par des mitrailleuses ennemies ; a, malgré de*

*fortes pertes, continué a progresser jusqu'au moment où
frappé d'une balle à la poitrine, il est tombé glorieusement
face à l'ennemi, donnant ainsi à tous le plus bel exemple de
courage et d'abnégation.*

« Signé : Général Debeney ».

Mais la bravoure n'était pas le seul apanage de cette âme
d'élite. A cet hommage mérité par le soldat joignons celui
que rend à l'homme, dans une lettre adressée à la jeune
infirmière qui avait si bien soigné le blessé lors de son
intoxication, le capitaine Bonvoisin : « C'était, écrit-il, une
nature attachante, très douée, ayant des nuances une
compréhension qui va se perdant parmi la génération mon-
tante. Pauvre petit, comme il souffrait de « l'impolitesse »
de ses égaux ! Il aura ainsi sans doute beaucoup mérité
pour ceux qui restent et je lui garderai personnellement
une reconnaissance profonde pour avoir exposé si crâne-
ment, avec tant d'élégance détachée, la fine fleur de la
civilisation aux coups aveugles de la brute jalouse. Sœur
Thérèse, dit en terminant l'auteur de la lettre, il vous
doit d'avoir contemplé, six mois encore, les belles choses
de Dieu ; et, peut-être, d'avoir attaché sa reconnaissance
à votre souvenir, en a-t-il eu, avant de fermer à jamais ses
yeux clairs, un de ces regards vers le ciel qui forcent la
consigne de l'Eternité. »

Cette éternité, d'ailleurs, Guy ne l'avait jamais crainte ;
au contraire. Plus d'un an d'avance, il avait envisagé la
mort avec la sérénité la plus calme et la plus radieuse. Le
4 mars 1917, à Embrun, au moment où il rejoignait le
dépôt du 52ᵐᵉ bataillon de chasseurs alpins, en plein repos
et loin du front, dans l'entière maîtrise de ses sentiments
et de son énergie, il avait fait son testament qui débutait
ainsi : *Demain, 5 mars, pour la seconde fois, je regagne
le front...,* et après avoir rappelé en quelques lignes
l'emploi de son temps depuis la déclaration de la guerre,
il avait poursuivi : « *J'estime avoir fait jusqu'à présent
tout mon devoir. Je continuerai.*

« *Au cas où le devoir me coûterait la vie, que mes*

parents se disent que mourir au champ d'Honneur est le sort le plus beau quand on a vingt ans. Et qu'ils soient fiers de ma mort beaucoup plus que tristes ! Mourir ne m'effraye pas. Et j'offrirais mon existence avec très grande joie pour la Patrie, à laquelle je crois et qui est pour moi quelque chose de vivant et d'immortel.

« Qu'ils me pardonnent, simplement, les peines et les chagrins que j'ai pu leur causer, que je leur ai causés souvent ; je regrette infiniment de n'avoir pas été toujours ce que j'aurais dû être ; je leur demande pardon. J'ai beaucoup souffert pendant cette guerre : je souffrirai encore. J'espère que cela rachètera.

« J'aime mes parents, également, beaucoup. Étant froid de nature, je ne sais pas si j'ai su le leur montrer suffisamment. Qu'ils trouvent en tous cas ici l'expression de mon amour profond.

« Ces quelques phrases qui me serviront de testament si je suis tué, je veux les terminer en exprimant encore ma triple fierté d'être Français, Catholique et Soldat. Guy Depaux-Dumesnil. »

Le Chevalier Bayard n'a jamais tenu plus beau ni plus ferme langage, et Guy Depaux-Dumesnil est bien un descendant de ces preux et de ces Croisés de l'ancienne France dont la lignée fameuse se perpétue à travers les âges. N'est-ce pas à sa vie d'une harmonie si prenante par la grâce de l'enfant, par les qualités de cœur et d'esprit du jeune homme, par la foi inébranlable du soldat que s'appliquent ces vers du poète :

> *Ouvrez ce livre comme un voile.*
> *Vous verrez au bout d'un moment*
> *Apparaître confusément*
> *Un front charmant comme une étoile.*

N'oublions pas, en effet, que, dès 1907, à l'âge de 9 ans, il avait promis d'être un héros et qu'il a tenu parole. Souvenons-nous aussi que, le 6 septembre 1917, il avait défilé avec son bataillon, à Domrémy, devant la statue de la

Vierge Lorraine. Qui sait si alors, dans un pressentiment secret, il n'avait pas, en passant, offert le vœu suprême à la Sainte de la Patrie ?

*
* *

Et maintenant, lorsque accomplissant le plus poignant et le plus sacré des pèlerinages, les parents et les amis du cher disparu vont s'incliner sur sa tombe, on ne sait quelle force irrésistible et intime, faite d'espérance et de fierté, domine la douleur qui les étreint. On croirait qu'un ange invisible se dresse devant eux pour leur dire : « Qui cherchez-vous ? Il n'est plus ici. Il est dans le royaume des Elus qui ont conquis les palmes immortelles. »

Car c'est en partageant leur foi pour la répandre et l'exalter qu'il faut honorer la mémoire de ceux qui, pareils à Guy Depaux-Dumesnil, ont vécu et sont morts à 20 ans pour le salut du monde et de la France, pour la gloire de leur famille, pour la gloire surtout du Dieu qui « aime les Francs », de ce Roi des Rois, dont ils ont été, à l'une des heures les plus tragiques de notre Histoire, les soldats invincibles et bénis.

Janvier 1920.

Emmanuel Déborde de Montcorin.

Les circonstances qui ont retardé l'impression des pages qui précèdent ont eu cette conséquence particulièrement émotionnante de permettre d'enregistrer ici — en dernière heure — l'hommage suprême que l'auteur avait, d'ailleurs, pressenti. Par décret du Président de la République en date du 31 mars 1920, Guy Depaux-Dumesnil a été nommé Chevalier de la Légion d'Honneur, et la mention qui accompagne cette nomination

— posthume, hélas ! — reproduit intégralement le texte de la citation du
9 août 1918, inscrivant ainsi, dans le calme de la Victoire, en lettres d'or
sur le Grand Livre de la Patrie, ce qui y avait été écrit en lettres de feu.
Cette nouvelle et dernière couronne n'ajoute rien aux reflets glorieux de
la tombe du Jeune Héros : elle la drape cependant de la plus belle étoffe
qui puisse être tissée par la main de l'homme. Les rayons d'en-haut
perpétueront à jamais l'éclat lumineux et chaud de cette auréole terrestre.

Avril 1920.

E. D. de M.

A LA JEUNESSE QUI S'IMMOLE

> Mourir au champ d'honneur est
> le sort le plus beau quand on a
> 20 ans. Mourir ne m'effraie pas et
> j'offrirais mon existence avec très
> grande joie pour la Patrie à laquelle
> je crois.....
>
> Testament du Sous-Lieutenant Guy
> Depaux-Dumesnil, tombé héroïquement le
> 12 Juillet 1918, à l'âge de 21 ans.

O Martyrs, qui rendez si beau votre martyre,
O jeunes gens d'hier, — aujourd'hui nos aïeux, —
Quelle auréole donc descend sur vous des cieux
Pour qu'à vingt ans la mort vous charme et vous attire ?

Mais, quel que soit le prix que votre gloire en tire,
Quand vous vous immolez ainsi d'un cœur joyeux,
Songez que la Patrie, en vous fermant les yeux,
Ressemble au sable nu d'où le flot se retire.

O morts, planez moins haut. Pensez à nous, vivants
Qui traînons, lourds et las, nos espoirs décevants
Et cherchons dans la nuit quels destins sont les nôtres.

Prenez plus en pitié nos pleurs et notre émoi ;
·Car du salut vous ne serez les vrais apôtres
Qu'autant que vous saurez nous léguer votre foi !

25 Août 1918.

Emmanuel de MONTCORIN.

A LA JEUNE GÉNÉRATION !

A la mémoire héroïque de Guy
Depaux-Dumesnil, Sous-Lieutenant
de Chasseurs-Alpins, tombé au champ
d'honneur, 12 Juillet 1918.

Quel sang roulait en toi son flot torrentiel
Pour faire à tes élans s'ouvrir toutes les routes
Où jeter un défi — mêmes celles du ciel ! —
O génération, la plus belle de toutes !

Mais tu fus la Victime offerte ! Ce sang pur
Pour notre délivrance a coulé de ta veine !
Tes beaux rêves sont morts, frappés en plein azur !.....
O génération qu'on entrevit à peine,

— Profils de jeunes gens, au front audacieux,
Qui semblent des profils de médailles anciennes —
Ainsi qu'une monnaie au métal précieux,
Tu payas des erreurs qui n'étaient pas les tiennes !

Les antiques affronts, tu vins pour les venger
Avec ce fier regard que le Devoir attire,
Rebelle à la souffrance, insensible au danger,
Pour la Gloire et l'Honneur, enfin, prêt au martyre !

Le Christ sauva le monde en mourant sur la Croix.
O génération douloureuse et meurtrie,
Toi, tu fus — sort tragique et sublime à la fois —
Condamnée à mourir en sauvant la Patrie !

Mario TACONNET.